I0775136

PERSUASIONE POLITICA

L'arte di influenzare nell'era digitale

opyright

Una breve introduzione

Hai presente quella sensazione quando leggi un messaggio che ti cattura e ti fa venir voglia di agire immediatamente?

Questo è ciò che chiamiamo "il potere della persuasione"!

Stai per imparare tutte le tecniche e i trucchi per risvegliare quella stessa reazione nelle persone con le tue parole.

Non pensare che sia qualcosa di un altro mondo, no. Nulla di tutto ciò!
Ti mostrerò come usare le parole giuste, creare frasi di grande impatto e strutturare i tuoi messaggi in modo irresistibile.

Vogliamo che tu entri veramente in contatto con il tuo pubblico di destinazione. Questo è ciò che farà la differenza nel convincerli ad agire.

Al centro di questa strategia c'è il potere delle tecniche di

persuasione in politica.

Influenzare o essere influenzati

La questione se voler influenzare o essere influenzati è una dicotomia che permea le interazioni umane da tempo immemorabile.

In un mondo sempre più connesso, questa scelta è diventata più evidente e attuale che mai. In una società che valorizza l'individualità, l'autenticità e la capacità di plasmare il proprio destino, l'influenza gioca un ruolo centrale nelle nostre vite, influenzando le nostre decisioni, opinioni e comportamenti.

Voglio mostrarti come esplorare le complessità dell'influenza e del desiderio di essere influenzato, considerando i diversi aspetti di questa dinamica nella sfera personale, sociale e digitale. Esaminiamo le motivazioni dietro entrambi i lati della medaglia, i vantaggi e gli svantaggi di ciascuna scelta e il modo in cui ciò si collega alla costruzione dell'identità e all'impatto sulla società.

La ricerca del potere e del cambiamento

Influenzare, in sostanza, implica la capacità di influenzare le opinioni, le decisioni e le azioni di altre persone. Può essere visto come un atto di leadership, in cui qualcuno usa la propria conoscenza, carisma e capacità persuasive per guidare gli altri verso determinati obiettivi o ideali. Coloro che vogliono influenzare spesso bramano il potere e hanno una visione specifica del mondo che vogliono creare.

Le motivazioni per voler influenzare possono variare ampiamente. Alcuni individui ricercano l'influenza come forma di potere personale, cercando di ottenere un vantaggio sugli altri o di raggiungere obiettivi ambiziosi. Altri hanno motivazioni più altruistiche e desiderano usare la propria influenza per apportare cambiamenti positivi nella società promuovendo cause sociali o ambientali.

Potere personale: per molti, l'influenza è uno strumento per ottenere potere personale e raggiungere i propri obiettivi. Ciò può includere l'influenza su persone in posizioni di autorità, come leader politici o dirigenti aziendali, affinché prendano decisioni a vantaggio dei loro interessi. Il desiderio di influenzare può essere motivato da ambizione personale, avidità o desiderio di controllo.

Cambiamento sociale: d'altra parte, molti individui vogliono influenzare per apportare cambiamenti positivi nella società. Ciò può comportare il sostegno a cause quali l'uguaglianza di genere, la giustizia razziale, la conservazione dell'ambiente o l'eliminazione della povertà. Coloro che cercano influenza per ragioni altruistiche spesso vogliono vedere un mondo migliore e sono disposti a usare la propria influenza per fare la differenza. Influenzare positivamente può portare una serie di benefici sia all'influencer che a chi viene influenzato.

Raggiungimento degli obiettivi: la capacità di influenzare può aiutare le persone a raggiungere i propri obiettivi personali e professionali. Può essere uno strumento prezioso per far avanzare la tua carriera, garantire il successo aziendale o ottenere il sostegno necessario per importanti cause sociali.

Cambiamento positivo: l'influenza può essere utilizzata anche per apportare cambiamenti positivi nella società. Coloro che hanno la capacità di influenzare possono contribuire a creare un mondo più giusto, equo e sostenibile facendo la differenza su questioni cruciali.

Autostima e riconoscimento: essere in grado di influenzare gli altri spesso porta ad un aumento dell'autostima e del riconoscimento sociale. Le persone che riescono a influenzare sono spesso ammirate e rispettate per la loro capacità di leadership.

Essere influenzati: la ricerca di identificazione e connessione

D'altra parte, essere influenzati implica essere disposti ad ascoltare, imparare e lasciarsi modellare da altre persone, idee o tendenze. Questo può essere visto come una dimostrazione di umiltà e apertura al cambiamento. Coloro che scelgono di farsi influenzare spesso cercano identificazione, appartenenza e guida.

Motivazioni per essere influenzati

Le ragioni per cui si sceglie di farsi influenzare possono essere altrettanto diverse. Alcuni individui apprezzano la prospettiva e la saggezza degli altri, cercando di imparare e crescere attraverso l'influenza di mentori, leader o figure ispiratrici. Altri possono essere influenzati dalla pressione sociale o dal desiderio di inserirsi in un determinato gruppo o cultura.

Apprendimento e crescita: per molti, essere influenzati è un modo efficace per imparare e crescere. Assorbendo conoscenze e prospettive da altre persone, puoi ampliare i tuoi orizzonti, acquisire nuove competenze e migliorare come individuo.

Identificazione e appartenenza: essere influenzati può anche fornire un senso di identificazione e appartenenza. Molti cercano influenza per sentirsi connessi a un gruppo, una cultura o una comunità specifici. Ciò può essere particolarmente rilevante in un mondo in cui l'identità e l'accettazione svolgono un ruolo importante.

Scegliere di farsi influenzare può portare anche una serie di benefici nella vita di un individuo.

Apprendimento continuo: essendo aperto all'influenza, puoi continuare ad apprendere per tutta la vita, acquisendo nuove conoscenze e competenze che possono essere applicate in diverse aree.

Connessione sociale: essere influenzati spesso porta a una maggiore connessione sociale. Allineandoti con idee o gruppi influenti, puoi sviluppare relazioni significative e trovare un senso di appartenenza.

Flessibilità e adattabilità: la capacità di lasciarsi influenzare dimostra anche flessibilità e adattabilità, caratteristiche preziose in un mondo in continua evoluzione. Coloro che sono disposti ad adattarsi a nuove idee e prospettive sono meglio preparati ad affrontare le sfide ed eccellere.

Nella società moderna la scelta tra influenzare o farsi influenzare non è sempre chiara o statica. In molti casi, le persone cambiano tra queste due posizioni a seconda del contesto e delle circostanze. Inoltre, il confine tra influenza ed essere influenzato spesso diventa sfumato poiché le interazioni sociali, culturali e digitali si intrecciano.

Influenza digitale e social network

Uno dei principali motori di questa complessità è l'aumento dei social media e dell'influenza digitale. Piattaforme come Facebook, Instagram, Twitter e YouTube hanno dato a chiunque abbia accesso a Internet la capacità di influenzare ed essere influenzato su scala globale. Gli influencer digitali, in particolare, sono diventati figure di spicco, plasmando le opinioni e i comportamenti di milioni di follower.

Influenza digitale: coloro che scelgono di farsi influenzare spesso lo fanno seguendo influencer digitali le cui vite e opinioni possono servire come fonte di ispirazione o intrattenimento. Gli influencer digitali hanno la capacità di creare tendenze, promuovere prodotti e persino influenzare il cambiamento sociale.

Essere influenzati negativamente: tuttavia, l'influenza digitale può avere anche effetti negativi, soprattutto tra i più giovani. La pressione per conformarsi a standard di bellezza irrealistici, la ricerca di convalida sui social media e l'esposizione all'incitamento all'odio sono esempi di quanto possa essere dannosa l'influenza digitale.

Influenzare sui social media: d'altra parte, molte persone utilizzano piattaforme di social media per esprimere le proprie opinioni, promuovere cause e costruire comunità online. Coloro che desiderano influenzare possono sfruttare queste piattaforme per raggiungere un vasto pubblico e mobilitare sostegno per le loro cause.

Identità e autenticità

Un altro aspetto importante da considerare nella scelta tra influenzare ed essere influenzati è la costruzione dell'identità e la ricerca dell'autenticità. In un mondo in cui l'individualità viene valorizzata, la pressione di essere autentici pur rispettando le norme sociali e culturali può essere impegnativa.

Costruzione dell'identità: molti individui scelgono di lasciarsi influenzare nella ricerca di modelli da seguire nella costruzione della propria identità. Possono trarre ispirazione da personaggi pubblici, leader spirituali o altri modelli di ruolo.

Sfida all'autenticità: d'altra parte, la pressione per essere influenti può creare una sfida all'autenticità. Alcuni potrebbero essere tentati di modellare la propria identità secondo le aspettative degli altri invece di rimanere fedeli a se stessi.

Responsabilità morale

Anche la scelta tra influenzare ed essere influenzato è intrinsecamente legata alla responsabilità morale. Coloro che desiderano influenzare hanno la responsabilità di usare la propria influenza in modo etico e responsabile, considerando l'impatto delle proprie azioni sugli altri e sulla società nel suo insieme.

Responsabilità degli influencer: gli influencer hanno il potere di modellare le opinioni e i comportamenti dei loro follower e questa influenza deve essere utilizzata in modo responsabile. Promuovere informazioni false, incitare all'odio o sfruttare le vulnerabilità delle persone sono esempi di comportamenti che possono essere dannosi.

Scelta consapevole: coloro che scelgono di essere influenzati hanno anche la responsabilità di fare scelte consapevoli su chi e cosa seguire. Credere ciecamente alle informazioni o seguire incondizionatamente influencer dannosi può avere conseguenze negative.

La scelta tra influenzare o essere influenzati è una decisione che ognuno di noi deve affrontare nella propria vita e, spesso, questa scelta non è definitiva. La società moderna presenta una complessa rete di influenze, dalle interazioni personali al mondo digitale in costante evoluzione. Entrambe le opzioni hanno le loro motivazioni, vantaggi e sfide.

L'importante è riconoscere la complessità di questa dinamica e fare scelte che contribuiscano alla crescita personale, al benessere sociale e alla costruzione di un mondo più giusto ed egualitario.

Una domanda curiosa...

Sai qual è l'abilità più preziosa al mondo?

Semplice: la capacità di vendere.

Non solo prodotti e servizi,<u>ma idee, concetti e credenze.</u>

Forse lo sai o no, ma il potere va a coloro che sono persuasivi, e questo vale per ogni azienda in ogni paese del mondo.

È importante avere un modo per convincere le persone (il tuo capo, colleghi, clienti, investitori, ecc.) che le tue idee (e il tuo lavoro) valgono la pena.

Nel corso degli anni ho identificato alcuni segreti fondamentali della vendita: alcuni trucchi del mestiere. Ed è esattamente ciò che condividerò con te adesso: le basi dietro ogni grande pezzo di vendita.

Io le chiamo LE TRE REGOLE FONDAMENTALI DELLA VENDITA e sono...

#1. Alla gente non piace l'idea di essere venduta.

#2. Le persone acquistano cose per ragioni emotive, non razionali.

#3. Una volta accettate, le persone devono giustificare le loro decisioni emotive con la logica.

Vediamo **regola numero 1**: Alla gente non piace essere venduta a loro. All'inizio, questo non ha senso. Ogni anno, beni e servizi per un valore di trilioni di dollari vengono acquistati e venduti... miliardi solo attraverso l'ufficio postale. Pensa ai tuoi amici. Molti di loro amano senza dubbio fare shopping.

Alla gente piace comprare cose, ma non piace che gli vengano vendute. Ricorda questo. Che tu stia scrivendo una lettera di vendita o cercando di convincere un tuo amico ad andare a un concerto, non mettergli pressione. Offriti di dare qualcosa. Non forzarlo, provaci.

Diciamo che vuoi convincere il tuo amico a comprare una fetta di torta al cioccolato. Non inizieresti elencando i 10 motivi per cui la torta gli fa bene, vero? Ovviamente no.

Nella vita reale, se volessi davvero convincere un amico a comprare una fetta di torta, probabilmente inizieresti descrivendo quanto è buono il profumo della torta, quanto è bagnata, quanta glassa ha e come si scioglierà in bocca. .
In altre parole, creeresti un'immagine verbale che scateni i tuoi desideri: la tua fame, il tuo desiderio di cioccolato. Lo tenteresti facendo appello alle sue emozioni. Non lo annoierai con le ragioni né lo costringerai.

Comprendi questo primo principio e avrai persone che mangiano dalle tue mani.

Regola n.2 Colpisci dove fa male: le persone acquistano cose per ragioni emotive, non razionali.

Se le persone agissero razionalmente, non potresti vendere la torta al cioccolato. Non esiste un motivo logico per mangiarlo. Non è nutriente. Ingrassare. Uccide il metabolismo. Ed è costoso.

Allora perché la torta al cioccolato è un'industria multimilionaria? Perché ti fa stare bene!

Per essere persuasivo, devi concentrarti sui sentimenti e sui desideri del tuo potenziale cliente.

Vedi i sette più importanti: paura, avidità, vanità, lussuria, orgoglio, invidia e pigrizia.

Regola n.3: Una volta che il potenziale cliente ha già acquistato emotivamente, deve giustificare la sua decisione irrazionale con ragioni razionali.

Adesso sei pronto per capire cos'è il copywriting.

Concentrati su di loro,

E non su di te

Quando un potenziale cliente legge il tuo annuncio, post,

lettera, ecc., l'unica cosa che si chiederà fin dall'inizio è: "cosa

ci guadagno?"

E se il tuo testo non gli dice nulla, finirà nella spazzatura più

velocemente di quanto possa leggere il titolo.

Molti inserzionisti commettono questo errore. Si concentrano su

di loro come azienda.

Da quanto tempo sono aperti, chi sono i loro maggiori clienti,

chi ha già dieci anni di ricerca e milioni di dollari nello sviluppo

del prodotto, blah, blah.

In effetti, questi punti sono importanti.

Ma devono essere espressi in un modo che interessi il tuo potenziale cliente. Ricorda, una volta cestinato l'annuncio, la vendita è persa!

Quando scrivi i tuoi testi, è utile pensarli come una lettera scritta a un vecchio amico. Infatti, immagino spesso un mio amico che meglio si adatta al profilo dei miei potenziali clienti. Cosa direi per convincere il mio amico a provare il mio prodotto?

Come posso segmentare le obiezioni e le convinzioni del mio amico per aiutarmi?

Quando scrivi a un amico, utilizzerai i pronomi "io" e "tu". Quando cerchi di convincere il tuo amico, potresti dire: "Senti, so che pensi di aver provato tutti i gadget disponibili. Ma dovresti sapere che..."

E questo va oltre la semplice scrittura in seconda persona. In altre parole, tratta i tuoi potenziali clienti come "tu" nei tuoi testi. Il fatto è che ci sono molti annunci di successo che non sono scritti in seconda persona.

Alcuni sono scritti nella prospettiva in prima persona, dove lo scrittore usa "io". Altre volte viene utilizzata la terza persona, come "lei", "lui" e "loro".

E anche se scrivi in seconda persona, non significa necessariamente che il tuo testo parli di loro.

Per esempio:

"Essendo un agente immobiliare, puoi trarre conforto dal fatto che ho venduto oltre 10.000 case e ho imparato i trucchi del mestiere."

Anche se scrivi in seconda persona, ti stai ancora concentrando su te stesso.

Allora come puoi concentrarti su di loro?

Sono felice che tu l'abbia chiesto.

Uno dei modi è...

Fasi della coscienza

Il livello di consapevolezza in questo caso significa
sostanzialmente se i politici sono consapevoli che esiste una
soluzione ai problemi affrontati dai loro elettori.

Sapere esattamente dove si trovano determinerà il tipo di
messaggio che comunicherai. Scoprirlo può aumentare il
sostegno politico di 2 volte o più.

Il leggendario copywriter Gene Schwartz ha stabilito la
seguente regola nel mondo del marketing:

Se l'elettore è già a conoscenza della proposta e sa che può
aiutarlo, il messaggio dovrebbe iniziare evidenziando la
soluzione politica.

Se l'elettore non conosce la proposta, ma ha un'aspirazione, la
comunicazione deve iniziare con quell'aspirazione.

Infine, se l'elettore non sa esattamente di cosa ha bisogno ma riconosce un problema generale, la comunicazione dovrebbe iniziare dal problema ed evidenziare la proposta come soluzione.

Queste sono le basi. Gene ha stabilito 5 livelli di consapevolezza che spiegano questo concetto in modo più dettagliato, ed è ciò di cui parlerò ora.

Quindi, i 5 livelli di conoscenza degli elettori sono:

Livello 1 - è l'elettore più attento: questa persona sa quello che vuole, si fida di te e, quando offri qualcosa di nuovo, ci sono buone probabilità che lo sosterrà. Questi elettori sono ciò che ogni politico vuole. Ad esempio, pensa ai politici che hanno seguaci devoti.

Livello 2 - consapevole della proposta. Queste persone non si fidano ancora di te: sanno che stai proponendo qualcosa che vogliono, ma non sono sicuri che sia giusto per loro. Poiché non si fidano ancora di te, leggono recensioni, esaminano testimonianze e cercano di determinare se la tua proposta può fare quello che dici. Con elettori come questo, l'obiettivo del tuo messaggio dovrebbe essere quello di rassicurarli immediatamente.

Queste prime due categorie, tra l'altro, sono le più facili da conquistare. Man mano che i tuoi elettori diventano meno consapevoli, hai un lavoro più difficile davanti a te.

Va bene, il livello successivo di consapevolezza degli elettori è la consapevolezza della soluzione.

Livello 3 - Sono persone che hanno un problema, sanno che esiste una soluzione, ma non conoscono la loro proposta e i risultati che possono ottenere con essa. Con elettori come questo, vuoi che sappiano che capisci i loro bisogni e che la tua proposta li aiuterà ad arrivarci.

Man mano che acquisiamo maggiore consapevolezza, iniziamo a raggiungere quegli elettori che possono davvero aiutare la tua campagna a crescere.

Quindi il prossimo tipo di consapevolezza degli elettori è la consapevolezza dei problemi.

Livello 4 - Questa è una persona preoccupata: sente di avere un problema, ma non sa che esiste una soluzione. Con questo tipo di elettore, vuoi che il tuo messaggio dimostri che capisci le loro preoccupazioni e ansie.

Infine c'è l'elettore completamente inconsapevole.

Livello 5: è difficile ottenere supporto da queste persone. Non si rendono conto di avere un problema, non sanno nulla della tua proposta e non sanno nemmeno che esiste una soluzione a ciò che si trovano ad affrontare. Con questo tipo di elettore dovrai presentare una proposta potente ed estremamente convincente. Devi presentare la tua proposta come se fosse un disegno, dove le persone possono vedere tutti i dettagli, persino vedere i colori, l'odore, il gusto e la consistenza di ciò che stai proponendo.

Comprendere e adattarsi ai diversi livelli di consapevolezza degli elettori è fondamentale per costruire una strategia politica efficace.

Adattando il messaggio, l'approccio e le tattiche in base alla fase in cui si trova l'elettore, puoi aumentare le possibilità di coinvolgimento, sostegno e lealtà.

Prendendo in considerazione i 5 livelli di consapevolezza degli elettori, sarai meglio preparato a soddisfare le esigenze del tuo collegio elettorale, stabilire una connessione significativa e costruire relazioni durature.

Approfondisci la tua conoscenza del comportamento dell'elettorato, ricerca e testa le tue strategie e sii sempre disposto ad adattarti ai cambiamenti e alle richieste dello scenario politico. In questo modo sarai sulla strada giusta verso il successo delle tue iniziative politiche.

Inoltre, ricorda che gli elettori possono spostarsi tra diversi livelli di coscienza nel tempo.

Possono iniziare a livello di incoscienza e, attraverso informazioni e interazioni, progredire alle fasi successive.

Pertanto, è essenziale monitorare da vicino il comportamento del proprio elettorato in modo da poter adeguare la propria strategia, se necessario.

Un altro punto importante da considerare è l'importanza di una comunicazione chiara e coerente in ogni stadio della coscienza.

Che sia attraverso discorsi informativi, narrazioni, testimonianze o dimostrazioni delle tue proposte, è essenziale trasmettere il tuo messaggio in modo efficace e pertinente.

In questo modo, alimenterai la fiducia degli elettori e creerai una connessione emotiva con la tua campagna.

Come evidenziare i vantaggi

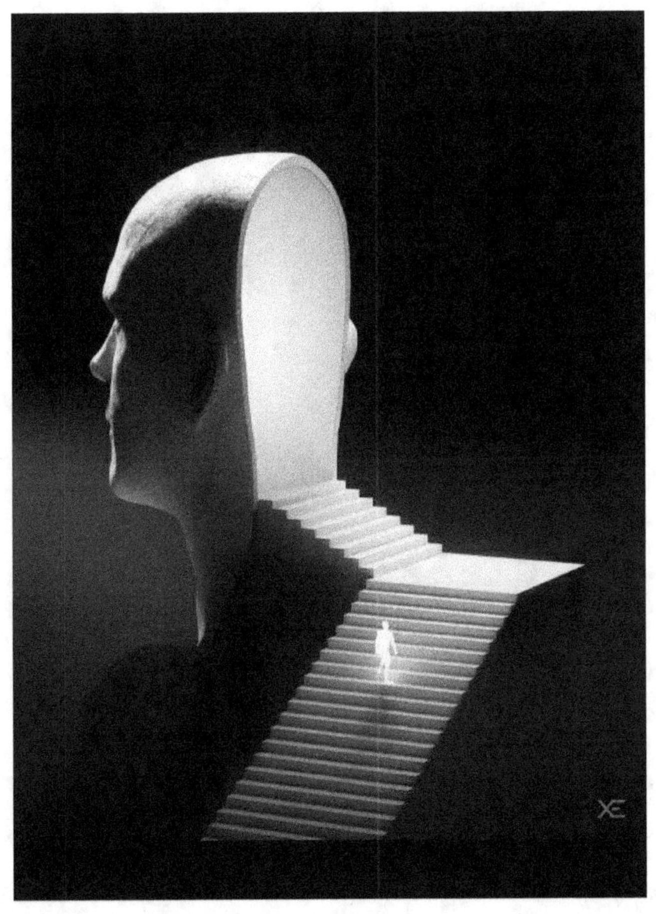

Innanzitutto bisogna capire la differenza tra caratteristiche e vantaggi?

Le caratteristiche sono descrizioni delle qualità che possiede una proposta politica.

Per esempio:

Il nostro piano per il trasporto pubblico migliora l'efficienza, consentendo al 55% in più di persone di utilizzare il sistema ogni giorno.

Il nostro approccio legislativo si basa su principi di trasparenza e responsabilità, fornendo una struttura governativa leggera e duratura.

La nostra iniziativa di riforma dell'istruzione è protetta da una legislazione completa.

Il nostro programma tecnologico governativo incorpora un sistema interno di ricerca dei dati, che consente un'analisi rapida e accurata dei bisogni della popolazione.

Ma quali sono i vantaggi?

Ebbene, questi sono ciò che i risultati significano per i cittadini.

Risparmierai denaro e migliorerai la qualità dell'aria sostenendo la nostra politica dei trasporti sostenibili, riducendo la congestione e le emissioni. Inoltre, sperimenterà un'infrastruttura di trasporto più efficiente e moderna. Una legislazione trasparente e responsabile significa che avrai un governo che risponde alle tue esigenze, senza burocrazia inutile. Potrai partecipare attivamente al processo politico, senza ostacoli.

Il nostro approccio legislativo globale garantirà miglioramenti significativi nell'istruzione, preparando la prossima generazione ad affrontare con successo le sfide del futuro. Inoltre, la stabilità e la durabilità del sistema educativo eviteranno cambiamenti e interruzioni costanti.

Con il nostro sistema tecnologico governativo, avrai accesso immediato a informazioni cruciali, consentendoti di comprendere appieno le politiche e le decisioni del governo. Immagina di trasformare il modo in cui interagisci con la politica comprendendo immediatamente l'impatto delle decisioni sulla tua vita quotidiana.
Comprendere e adattarsi ai diversi livelli di consapevolezza degli elettori è fondamentale per costruire una strategia politica efficace.

Adattando il messaggio, l'approccio e le tattiche in base alla fase in cui si trova l'elettore, puoi aumentare le possibilità di coinvolgimento, sostegno e lealtà.

Prendendo in considerazione i 5 livelli di consapevolezza degli elettori, sarai meglio preparato a soddisfare le esigenze del tuo collegio elettorale, stabilire una connessione significativa e costruire relazioni durature.

Approfondisci la tua conoscenza del comportamento dell'elettorato, ricerca e testa le tue strategie e sii sempre disposto ad adattarti ai cambiamenti e alle richieste dello scenario politico. In questo modo sarai sulla strada giusta verso il successo delle tue iniziative politiche.

Inoltre, ricorda che gli elettori possono spostarsi tra diversi livelli di coscienza nel tempo.

Possono iniziare a livello di incoscienza e, attraverso informazioni e interazioni, progredire alle fasi successive.

Pertanto, è essenziale monitorare da vicino il comportamento del proprio elettorato in modo da poter adeguare la propria strategia, se necessario.

Un altro punto importante da considerare è l'importanza di una comunicazione chiara e coerente in ogni stadio della coscienza.

Che sia attraverso discorsi informativi, narrazioni, testimonianze o dimostrazioni di proposte, è essenziale trasmettere il proprio messaggio in modo efficace e pertinente.

In questo modo, alimenterai la fiducia degli elettori e creerai una connessione emotiva con la tua campagna.

La grande idea e la regola dell'uno

Ogni volta che l'argomento è il copywriting, il concetto di "Grande Idea" viene alla ribalta. David Ogilvy parla di lui e di molti altri autori, come Michael Masterson e John Forde, autori anche del libro Great Leads.

Il concetto è abbastanza semplice, ma molte persone commettono errori gravi.

In sostanza, la Grande Idea, o Regola dell'Uno, propone che la tua comunicazione si concentri su una sola azione, una promessa, un'idea che deve essere obiettiva e senza "accessori".

Metterò qui alcuni esempi per consentirti di confrontare e comprendere la differenza rispetto alla Big Idea.

Esempi senza la Grande Idea:

Proposte (161 nuovi approcci per ottenere il sostegno degli elettori...);

Le sfide che affrontiamo nella nostra politica alimentare

Esempi con la Grande Idea:

Strategico (la chiave per aumentare il sostegno pubblico);

Focalizzato (per gli elettori che intendono cambiare il proprio voto);

Significativo (Il futuro dell'istruzione: quanto sei disposto a investire per studente?).

Nonostante siano esempi un po' allettanti, la differenza tra Big Idea in questi titoli è chiara, no?

Sapreste dire qual è il punto focale dei primi due esempi? È difficile dirlo, poiché sono piuttosto ampi e sfocati.

Tuttavia, gli esempi che utilizzano il framework Big Idea sono molto più mirati.

Possiamo quindi parlare con sicurezza dell'argomento che introducono, anche se non abbiamo alcuna conoscenza del prodotto a cui sono collegati.

Quindi, sii molto chiaro riguardo alla tua grande idea. Per fare ciò, è necessario lavorare con la seguente struttura:

Una buona idea: mostra i benefici o i vantaggi del prodotto/soluzione che vendi;

Un'emozione fondamentale: creare una connessione con il lettore, provocando coinvolgimento attraverso il rinforzo emotivo affinché il razionale continui a progredire nel testo;

Una storia avvincente: rafforza l'emozione centrale. Spesso si tratta di un caso, di un episodio o porta con sé dati e cifre che dimostrano la vostra offerta (prodotto/servizio);

Un vantaggio unico e desiderabile: consolida il vantaggio (beneficio) che il tuo prodotto o servizio offre al lettore;

Una risposta inevitabile: indica il percorso che deve essere seguito affinché il tuo lettore possa raggiungere il beneficio di cui parli.

Tutto questo affinché si possa supportare il titolo con un'introduzione (chiamata, in questo contesto, battuta) che deve utilizzare la tecnica corretta, a seconda del livello di consapevolezza del lettore.

Questa tecnica può essere una storia, una previsione, una dichiarazione, una promessa, ecc.).

Indipendentemente da quale utilizzi, è importante che la tua unica Grande Idea sia supportata da un'emozione altrettanto unica, per indirizzare il lettore verso l'azione desiderata.

Premendo i pulsanti emotivi

È qui che la ricerca dà davvero i suoi frutti. Perché per premere i pulsanti bisogna prima sapere cosa sono.

Guardate questa storia, e capirete cosa voglio raccontarvi: c'era una volta un giovane che entrò in una certa concessionaria Chevrolet per vedere una Chevy Camaro.

Aveva soldi ed era pronto a prendere una decisione di acquisto. Ma mentre si recava alla concessionaria Ford non riusciva a decidere se comprare la Camaro o la Ford Mustang.

Un venditore gli si avvicinò e scoprì rapidamente il dilemma dell'uomo.

"Dimmi cosa ti piace di più della Camaro", disse il venditore.

"È un'auto veloce. Mi piace la sua velocità."

Dopo qualche discussione, il venditore venne a sapere che l'uomo aveva iniziato a frequentare una cheerleader del college.

Allora cosa ha fatto il venditore?

Semplice. Ha cambiato il suo discorso e quindi ha colpito i pulsanti emotivi, perché sapeva che avrebbe aiutato a promuovere la vendita.

Ha detto all'uomo che la sua nuova ragazza sarebbe rimasta colpita quando sarebbe tornato a casa con questa macchina!

Ha immesso nella mente dell'uomo l'immagine mentale che lui e la sua ragazza stavano viaggiando verso la spiaggia a bordo della Camaro.

E quanto sarebbero gelosi tutti i suoi amici quando lo vedrebbero andare in giro con una bella ragazza in una bella macchina.

E all'improvviso l'uomo ebbe la visione. Ce l'ha fatta. E il venditore lo ha visto e ha lavorato su questo punto. E prima che tu te ne accorga, l'uomo firma un bell'assegno alla concessionaria Chevrolet!

Il venditore trovò i pulsanti emotivi e li premette come mai prima finché l'uomo non si rese conto che voleva la Camaro più di quanto volesse i suoi soldi.

So cosa stai pensando... l'uomo ha detto che gli piaceva la macchina perché era veloce, vero?
Sì, era così. Ma inconsciamente, quello che voleva veramente era un'auto che impressionasse la sua ragazza, i suoi amici e, nella sua mente, li facesse piacere ancora di più! Nella sua mente, identifica la velocità con l'eccitazione.

Non perché volesse una quantità infinita di multe per eccesso di velocità, ma perché pensava che il brivido lo avrebbe reso più attraente e più simpatico.

Forse l'uomo non si era nemmeno accorto di questo fatto. Ma il venditore se ne è accorto. E sapeva quali pulsanti emotivi doveva premere per ottenere la vendita.

Ora, perché la ricerca paga?

Bene, un buon venditore sa come porre le domande che ti diranno quali pulsanti premere rapidamente. Quando scrivi un testo di vendita, non hai questo lusso.
Pertanto, proprio per questo motivo, è molto importante conoscere in anticipo le esigenze, i bisogni e i desideri dei propri clienti.

Se non hai fatto i compiti, il tuo potenziale cliente deciderà che preferirebbe tenere i soldi con te piuttosto che acquistare il tuo prodotto.

Ricorda, il copywriting è abilità di vendita su carta o digitale!

È stato detto molte volte: alla gente non piace essere venduta.

Ma a loro piace comprare.

E acquistano innanzitutto in base alle emozioni.

Quindi giustificano la loro decisione con la logica, anche dopo che sono già stati emotivamente venduti. Quindi non dimenticare di supportare il tuo discorso emotivo con la logica per nutrire la giustificazione alla fine.

E già che siamo in tema, parliamo un po' delle esagerazioni nelle pagine di vendita. Molti esperti di marketing "conservatori" hanno deciso che non gli piace l'esagerazione, perché

considerano l'esagerazione "vecchio stile", l'hanno fatto e

pensano che i clienti non ci cascheranno, non è più credibile.

Ciò che devono capire è che non sono le esagerazioni in sé a

non vendere bene.

Alcuni copywriter meno esperti spesso cercano di compensare

la mancanza di ricerca o la mancata comprensione completa

del mercato di riferimento o del proprio prodotto aggiungendo

tonnellate di aggettivi, avverbi, punti esclamativi e molti

caratteri in grassetto.

Veramente! Se fai il tuo lavoro, questo non è necessario.

Questo non vuol dire che alcuni avverbi o aggettivi non abbiano

il loro posto... solo se usati con parsimonia e solo se orientati

alla vendita.

Penso che sarai d'accordo sul fatto che supportare i tuoi testi con prove e credibilità aiuterà molto di più nel convincere i tuoi potenziali clienti rispetto all'uso delle sole "parole potenti".

Dico parole potenti perché ci sono alcuni aggettivi e avverbi che hanno dimostrato di fare la differenza quando vengono inclusi.

Questo di per sé non è un'esagerazione. Ma ripetuti più volte, diventano meno efficaci.

Il che ci porta al nostro prossimo consiglio...

Ci saranno sempre delle obiezioni

Le obiezioni sono barriere psicologiche che si creano nella mente dei consumatori, generando resistenze alle offerte presentate.

Comprendere le obiezioni ed essere in grado di superarle è essenziale per aumentare il tasso di conversione e aumentare il successo delle campagne di marketing.

La natura delle obiezioni

È importante riconoscere che le obiezioni sono una naturale risposta difensiva da parte dei consumatori. In un mercato sempre più saturo e con un grande volume di informazioni, i consumatori sono sempre più cauti nelle loro decisioni di acquisto.

L'acquisto di un prodotto o servizio è visto come un investimento ed è naturale che le persone abbiano dubbi e preoccupazioni prima di impegnarsi.

Individuazione delle obiezioni

Per superare le obiezioni è fondamentale identificarle in modo chiaro e preciso.

Analizzando le interazioni con il tuo pubblico target, sia attraverso sondaggi, feedback o analisi dei dati, è possibile identificare le principali preoccupazioni e resistenze che i consumatori presentano in relazione alle tue offerte. Ciò consente di comprendere il motivo alla base di queste obiezioni e di trovare modi efficaci per superarle.

Affrontare le obiezioni

Quando si affrontano le obiezioni, è fondamentale trasmettere fiducia e offrire informazioni pertinenti che dissipino le preoccupazioni del pubblico.

Per superare le obiezioni è necessario fornire argomentazioni solide e persuasive che dimostrino il valore e i vantaggi della propria offerta, rispettando le legittime preoccupazioni dei consumatori.

Una strategia efficace per superare le obiezioni è anticiparle. Quando sviluppi i tuoi contenuti di marketing, sia negli annunci, nelle e-mail o nelle pagine di vendita, puoi anticipare le obiezioni più comuni e affrontarle in modo proattivo. Ciò implica fornire informazioni che combattano le preoccupazioni prima ancora che sorgono nella mente dei consumatori.

Quando si risponde alle obiezioni, è importante utilizzare un approccio empatico e personalizzato.

Dimostra di comprendere le preoccupazioni del tuo pubblico target e fornisci informazioni chiare e pertinenti che le dissipano.

Utilizza esempi reali, testimonianze di clienti soddisfatti e casi di studio per dimostrare come la tua offerta supera le obiezioni e soddisfa le esigenze dei consumatori.

Un'altra strategia efficace è offrire garanzie e vantaggi aggiuntivi che riducano il rischio percepito dal consumatore.

Offrire una garanzia di soddisfazione, un periodo di prova gratuito o un bonus esclusivo può aiutare a rassicurare i consumatori e incoraggiarli a superare le loro obiezioni e ad intraprendere l'azione desiderata.

Inoltre, creare un senso di urgenza può essere efficace anche per abbattere le obiezioni. Offrendo promozioni a tempo limitato o evidenziando la disponibilità limitata del prodotto o del servizio, crei un senso di urgenza che motiva i consumatori ad agire. Questa sensazione di scarsità può essere un fattore determinante per superare le obiezioni, poiché i consumatori temono di perdere l'opportunità se non agiscono immediatamente.

È essenziale evidenziare i differenziatori competitivi del tuo prodotto o servizio quando affronti le obiezioni. Mostra come ti distingui dalla concorrenza e offri soluzioni uniche ai problemi e alle esigenze del tuo pubblico target. Evidenziando i punti di forza della tua offerta, fornisci ai consumatori ragioni chiare per superare le loro obiezioni e scegliere il tuo marchio.

La trasparenza è essenziale per superare le obiezioni. Sii onesto riguardo ai limiti o alle sfide della tua offerta, ma evidenzia anche i vantaggi e le soluzioni che offre. L'onestà genera fiducia e credibilità, elementi chiave per superare le obiezioni dei consumatori.

È importante sottolineare che la rottura delle obiezioni non riguarda la manipolazione o la persuasione aggressiva. L'obiettivo è fornire informazioni pertinenti, rispondere a domande legittime e aiutare i consumatori a prendere decisioni informate. L'obiettivo dovrebbe essere quello di costruire relazioni a lungo termine e fornire valore ai clienti, piuttosto che cercare semplicemente una vendita rapida.

Identificando le obiezioni più comuni, anticipandole e affrontandole in modo empatico e persuasivo, sarai sulla buona strada per guadagnare la fiducia del tuo pubblico target e motivarlo ad agire.

Infine, sii sempre disposto ad ascoltare il feedback dei consumatori e ad adattare le tue strategie in base alle loro esigenze e preoccupazioni. Perfezionare costantemente le tue tecniche per superare le obiezioni ti aiuterà a distinguerti sul mercato, a guadagnare la fiducia dei consumatori e a ottenere risultati positivi e duraturi.

Incorporare prove e credibilità

Quando il tuo potenziale cliente legge il tuo annuncio, vuoi assicurarti che creda a ogni affermazione che fai sul tuo prodotto o servizio. Perché se ha qualche dubbio nella sua mente, non morderà, non importa quanto sia dolce l'accordo.

Infatti, la mentalità "troppo bello per essere vero" praticamente garantirà una vendita persa... anche se è tutto vero.

Allora cosa puoi fare per aumentare la credibilità percepita?

Perché dopotutto è la percezione che devi risolvere.

Ma ovviamente devi anche assicurarti che il tuo testo sia accurato e veritiero.

Ecco alcuni metodi collaudati che ti aiuteranno:

• Se hai a che fare con i tuoi clienti esistenti che già sanno che mantieni ciò che prometti, ciò sottolinea tale fiducia. Non lasciare che lo capiscano. Falli fermare, annuisci e di': "Sì. La compagnia ABC non mi ha mai fatto del male prima. Posso fidarmi di loro".

• Includere testimonianze di clienti soddisfatti. Non dimenticare di includere nomi completi e locali quando possibile. Ricorda, "José" è molto meno convincente di "Armando Soares, Rio De Janeiro, Brasile". Puoi anche includere una foto del cliente e/o un titolo professionale, che è ancora meglio. Non importa se le tue testimonianze non provengono da qualcuno famoso o se il tuo potenziale cliente non conosce personalmente queste persone.

Se disponi di testimonianze sufficientemente convincenti e credibili, stai facendo un lavoro molto migliore che se non le includi.

• Riempi i tuoi testi con fatti e risultati di ricerche per supportare le tue affermazioni. Assicurati di fornire tutte le informazioni, anche se il fatto è di dominio pubblico, poiché una fonte neutrale non dà molta credibilità.

• Nelle lettere di offerta diretta o in alcuni annunci in cui i testi sono sotto forma di lettera di un individuo specifico, è utile includere una foto di quella persona.

Ma a differenza delle lettere "tradizionali" del settore immobiliare e di altre pubblicità simili, inserirei la foto alla fine della lettera, vicino alla tua firma, o al centro della copia, anziché in alto perché sminuirebbe il titolo. .

E... se la tua lettera di vendita proviene da una persona specifica, assicurati di includere le sue credenziali che lo attestano come esperto nel suo campo (relativo al tuo prodotto o servizio, ovviamente).

• Se applicabile, citare eventuali premi o recensioni di terzi ricevuti dal prodotto o servizio di terzi.

• Se hai venduto molti prodotti, diglielo. È il vecchio detto "10 milioni di persone non possono sbagliarsi" (quei 10 milioni potrebbero sbagliarsi, ma il tuo potenziale cliente probabilmente si schiererà con te su questo punto).

• Includere una politica di restituzione e renderlo chiaro! E' semplicemente una buona politica commerciale. Spesso, offrire una doppia garanzia di rimborso per determinati prodotti si tradurrà in profitti più elevati.

Sì, riceverai più rimborsi, ma se vendi il triplo di prodotti rispetto a prima e devi rimborsare solo il doppio di prima, potrebbe valerne la pena, a seconda della tua offerta e del ritorno sull'investimento.

Analizza i numeri e vedi cosa ha senso. Soprattutto, prova!

Fateli pensare: "Wow, non sarebbero così generosi con i ritorni se non fosse proprio quello che promettono per il loro prodotto!"

• Se puoi aggiungere l'approvazione di una celebrità, ciò aiuta a stabilire credibilità. Wow, se Pelé consiglia il tuo prodotto e supporta ciò che prometti, deve essere vero! .

• Quando è opportuno, utilizzare testimonianze di terzi. Cosa sono le testimonianze di terzi? Ecco alcuni esempi tratti da alcuni siti web che ho scritto quando non avevo ancora molte testimonianze dei clienti.

"Lo spyware, senza alcun dubbio, ha registrato un aumento esponenziale negli ultimi sei mesi."
- Alfred Huger, Direttore tecnico, Symantec Security Response (produttore del software di sicurezza Norton)

"Basta fare clic su un banner e potrai installare lo spyware."

- Dave Methvin, Direttore tecnico, PC Pitstop

Un metodo di distribuzione consiste nel "ingannare gli utenti affinché acconsentano a scaricare il software che ritengono assolutamente necessario"
- Paul Bryan, direttore dell'Unità Sicurezza e Tecnologia, Microsoft.

Hai visto cosa ho fatto?

Ho utilizzato citazioni di esperti nei rispettivi campi e le ho trasformate per i miei scopi.
Ma assicurati di ottenere il tuo consenso o permesso dal detentore del copyright, se è necessario utilizzare materiali protetti da copyright chiedi la loro fonte.

Da notare che ho premuto anche un pulsante emotivo: la paura.

È stato dimostrato che generalmente le persone fanno di più per evitare il dolore che per ottenere piacere.

Allora perché non utilizzare questa piccola informazione a tuo vantaggio?

• Rivelare un difetto del tuo prodotto. Questo aiuta ad alleviare la sindrome del "troppo bello per essere vero".

Rivela un difetto che in realtà non è un difetto. Oppure rivelare un difetto minore, solo per dimostrare che sei aperto riguardo ai difetti del tuo prodotto.
esempio:
"Probabilmente starai pensando che questa racchetta da tennis è un miracolo - e lo è. Ma devo dirti che ha un piccolo difetto.

La mia racchetta impiega circa 2 settimane per abituarsi.

Infatti, una volta che inizi a usarlo, il tuo gioco peggiorerà. Ma se continui ad usarlo, vedrai un enorme miglioramento nei tuoi servizi, nel gioco a rete e così via.

C'è la tendenza a pensare, con tutta la pubblicità da cui siamo bombardati in questi giorni, che ogni inserzionista mostri sempre solo ciò che è meglio. E penso che questa linea di ragionamento sia aperta.

Ma non è piacevole quando qualcuno si distingue dalla massa ed è onesto? In altre parole, il lettore inizierà a credere inconsciamente che tu stia rivelando tutti i difetti.

• Utilizzare "note gratuite" Queste brevi note provengono da una persona autorevole. Non necessariamente da una celebrità, anche se può anche aggiungere credibilità.

Una persona autorevole è qualcuno riconosciuto nel suo campo (che è correlato al tuo prodotto) e che è qualificato per parlare. Le note di complimento possono essere distribuite come inserti, su una pagina separata o anche come parte del testo. Come sempre, prova!

• Se limiti l'offerta con una scadenza che termina a una certa data, assicurati che la scadenza sia reale e non cambi. Le scadenze che cambiano ogni giorno riducono la credibilità.

Il potenziale cliente sarà sospettoso "se la scadenza continua a cambiare, non sta dicendo la verità... mi chiedo su cos'altro non stia dicendo la verità".
• Evitare le "esagerazioni". Infondato di cui ho parlato nel mio suggerimento precedente. È stato detto abbastanza.

La proposta di valore unica

Il PUV è spesso uno degli elementi più fraintesi di una buona lettera di vendita.

È ciò che distingue il tuo prodotto o servizio dalla concorrenza. Diamo una rapida occhiata ad alcune proposte di vendita uniche per un prodotto;

1) Prezzo più basso - Se hai la tua attività nell'area dei prezzi economici, sfoggialo. Wal-Mart ha reso famoso questo PUV ultimamente, ma per loro non è una novità.

Vendere a prezzi più bassi è stato utilizzato fin dai tempi del capitalismo. Non mi piacciono le guerre sui prezzi, perché qualcuno può venire e venderlo a un prezzo inferiore.

Quindi è tempo di una nuova strategia.

2) Qualità superiore: se supera il prodotto della concorrenza o

è realizzato con materiali di alta qualità, è una buona

scommessa che utilizzerai questo fatto a tuo vantaggio.

Ad esempio, confronta il tuo prodotto con quello della

concorrenza. Dalla confezione superiore agli ingredienti sani, la

qualità è evidente. Potrebbe costare un po' di più rispetto al tuo

concorrente, ma per il tuo mercato vende.

3) Servizio: se offri un servizio superiore rispetto al tuo

concorrente, le persone acquisteranno da te. Ciò è

particolarmente vero in alcuni mercati molto legati ai servizi:

lunga distanza, fornitori di Internet, televisione via cavo, ecc.

4) Diritti esclusivi – Il mio preferito! Se puoi legittimamente

affermare che il tuo prodotto è protetto da un brevetto o da un

diritto d'autore, da un accordo di licenza, ecc., allora hai un

diritto esclusivo come vincitore. Se hai un brevetto, anche il

Presidente te lo deve comprare.

Ok, il tuo prodotto o servizio non è diverso da quello della concorrenza? Non sono d'accordo perché ci sono sempre delle differenze. Il trucco è trasformarli in un vantaggio positivo per te. Quindi cosa possiamo fare riguardo a questo scenario?

Un modo è presentare qualcosa che la tua azienda ha sviluppato internamente e che nessun'altra azienda fa.

Guarda, c'è un motivo per cui il computer nel negozio "A" offre di battere il prezzo della concorrenza per lo stesso prodotto di X.

Se guardi da vicino, i due pacchetti non sono mai esattamente gli stessi. L'azienda "B" offre uno scanner gratuito, mentre l'azienda "A" offre una stampante. O qualche altra differenza. Stanno paragonando le mele alle arance.

Quindi, a meno che non trovi un'azienda con lo stesso identico pacchetto (non lo troverai... l'hanno studiato), non potrai vincere la promozione.

Ma cosa succede se hai effettivamente lo stesso dispositivo da vendere come il ragazzo dall'altra parte della strada?

A meno che il tuo potenziale cliente non conosca il funzionamento interno sia del tuo prodotto che di quello della concorrenza, compreso il processo di produzione, il servizio clienti e tutto il resto, allora potenzialmente hai la licenza per un po' di creatività. Ma devi essere sincero.

Ad esempio, se dico ai miei lettori che il mio prodotto è sottoposto a un bagno di vapore per garantirne purezza e pulizia (come lattine e bottiglie nella maggior parte dei processi di produzione della birra), non importa che la birra di John dall'altra parte della strada faccia la stessa cosa.

Il fatto che John non annunci questo fatto lo rende suoprodotto

unico agli occhi del tuo potenziale cliente.

Vuoi altri esempi di PUV?

• Siamo l'unica officina che acquisterà la tua auto se non sei

soddisfatto al 100% del nostro lavoro.

• Consegnato in 30 minuti oppure offriamo noi!

• Nessuna azienda di mobili pagherà il tuo trasporto.

• La nostra ricetta è così segreta che solo tre persone al mondo

la conoscono!

Come per la maggior parte dei modi per aumentare la risposta,

la ricerca è fondamentale per il tuo UPV. A volte il tuo PUV è

ovvio, ad esempio quando hai un brevetto. Altre volte devi fare

un piccolo lavoro di ricerca per scoprirlo (o adattarlo al tuo

mercato di riferimento).

È qui che un po' di tenacia ripaga davvero.

Faccio un esempio per illustrare cosa intendo:

Supponiamo che la tua azienda venda sedie a sacco per bambini. Quindi tu, essendo il saggio esperto di marketing che sei, decidi di vendere i bignè ai potenziali clienti prima di scrivere il tuo testo di vendita.

Dopo aver fatto una ventina di presentazioni di vendita diverse per il tuo prodotto, scopri che il 75% delle persone con cui hai parlato ti ha chiesto se prima o poi le boccate avrebbero perso liquido.

Dato che i pouf sono destinati ai bambini, è logico che i genitori siano preoccupati che i loro piccoli ci saltino sopra, ci rotolino sopra e facciano tutto il possibile per rompere le cuciture e sgonfiare il pouf.

Quindi, quando scrivi il tuo testo, assicurati di rispondere a questa domanda: "Puoi essere certo che i nostri pouf super resistenti sono dotati di tripla cucitura per garantire prestazioni a prova di perdite. Nessun'altra azienda fornirà questa garanzia

sui tuoi bignè!

IL MECCANISMO UNICO

Questo è il punto più importante nel tuo marketing e, forse,

nella tua vita. Se lo padroneggi, è probabile che non dovrai mai

più preoccuparti della concorrenza.

Ti sei mai fermato a pensare a quanti prodotti simili al tuo

esistono? Quante persone con competenze simili alle tue ci

sono là fuori?

Quale sarà allora il segreto affinché alcune persone e alcuni

prodotti si distinguano? La risposta è: il meccanismo unico.

Sì, è un meccanismo. Non è un punto, non è una frase, ma

piuttosto uno schema operativo capace di portare la soluzione

all'altra, nel modo più semplice, efficace e diverso da tutto ciò

che si è mai visto.

Per illustrare, diamo un'occhiata a qualcosa di molto comune...
le padelle.

Ma cosa c'entrano le padelle con la mia attività? TUTTO!

Puoi trovare padelle per R$40,00. Tuttavia, molte persone sono
già state tentate di acquistare la padella Polishop (se non
l'hanno già fatto)... quella che costa più di R$ 200,00 e si vede
in TV. Se non lo avete ancora visto vi consiglio di guardarlo.

Oh, e no, non risalta perché "è in TV". Dopotutto, ignori
centinaia di altri spot pubblicitari...

Questo è solo un chiaro esempio. Ma tutte le grandi aziende
che ho visto finora hanno un meccanismo unico per i loro
prodotti e servizi, anche se non lo vedi così chiaramente come
lo vede Polishop. Tutte le persone che ottengono i migliori posti
di lavoro nelle aziende si vendono con un meccanismo unico.

Quindi, se vuoi distinguerti, evitare la lotta sui prezzi e risvegliare il desiderio degli altri, rispondi a 3 domande:

- Perché il mio prodotto/servizio risolve i problemi delle persone?

- In che modo il mio prodotto/servizio porta le persone al successo che vedono?

- Cosa differenzia il mio prodotto/servizio da tutto il resto?

Credetemi, funziona dai mercati con poca concorrenza a quelli più competitivi. In effetti, è completamente etico, se lavori solo con la verità.

Io stesso ho creato decine di meccanismi per il settore del dimagrimento, ad esempio, che attualmente è un settore estremamente competitivo oltre che molto delicato perché parliamo di salute.

La chiave del meccanismo è SAPERE che sei UNICO (lo

siamo tutti, non importa quanto alcuni cerchino di dire che

siamo sostituibili) ed evidenziare i tuoi punti di forza.

TITOLI - Titoli

Se hai intenzione di apportare una singola modifica per aumentare il tasso di risposta politica, concentrati sul titolo (ne hai uno, vero?).

Perché? Perché ci saranno cinque volte più elettori che leggeranno il titolo che il testo.

Molto semplicemente, un titolo... è una pubblicità per la tua proposta politica.

Le persone non interromperanno la loro vita frenetica per leggere la tua proposta a meno che tu non fornisca loro una buona ragione per farlo.

Quindi, un buon titolo promette novità e vantaggi.

Forse stai pensando: "Qual è questa nuova storia?"

Pensa all'ultima volta che hai "sfogliato" le notizie locali. Hai sfogliato gli articoli uno per uno e occasionalmente un annuncio potrebbe aver attirato la tua attenzione. Quali annunci avevano maggiori probabilità di attirare la tua attenzione?

Quelli che sembravano un articolo, ovviamente.
Quelli con un titolo che promette novità sulla politica locale.

Quelli con tipi di carattere che somigliavano molto ai tipi di carattere utilizzati negli articoli.

Quelli che venivano posizionati dove venivano inseriti gli articoli (invece di essere inseriti in una pagina piena di annunci pubblicitari, per esempio).

E quelli con i titoli più accattivanti che ti convincono che il testo vale qualche minuto per leggerlo.

Il titolo è quindi potente e importante.

Nel corso degli anni ho visto molte proposte politiche che non avevano nemmeno un titolo. E questa è una sciocchezza. Equivale a buttare via i soldi spesi in campagne politiche.

Perché? Perché la vostra risposta può aumentare notevolmente, non aggiungendo un titolo, ma rendendo quel titolo quasi irresistibile per il vostro elettorato.

E queste ultime tre parole sono importanti. "Il tuo elettorato".

Per esempio. Dai un'occhiata al seguente titolo:

Annuncio... Nuovo approccio tecnologico per migliorare la gestione comunale.
Novità e vantaggi Il titolo piace a tutti?
No, e non ti importa di tutti.

Ma gli elettori che cercano una gestione più efficiente apprezzeranno sicuramente questa proposta innovativa.

Questo è il tuo collegio elettorale ed è tuo compito convincerli a leggere la tua proposta. Il tuo titolo è il modo per farlo.

Ok, ora dove trovi ottimi titoli?

Guardi altre proposte politiche di successo (in particolare la risposta diretta) che hanno resistito alla prova del tempo. Guardi le proposte utilizzate regolarmente nei giornali e in altre pubblicazioni. Come fai a sapere che sono buoni?

Perché se non facessero il loro lavoro, il politico non continuerebbe a riproporli ancora e ancora.

Ti iscrivi all'elenco delle grandi campagne a risposta diretta e salvi le e-mail.

Leggi riviste politiche?

Le riviste politiche hanno alcuni dei titoli migliori.

Prendi un'edizione recente e capirai cosa intendo. Ok, ora come puoi adattare alcuni di questi titoli per la tua proposta o campagna?

Anche l'aspetto del titolo è molto importante. Controlla che il carattere utilizzato sia in grassetto, grande e diverso da quello utilizzato nel testo. In generale, i titoli più lunghi tendono ad essere migliori di quelli più brevi, anche quando si rivolgono agli elettori più "conservatori".

In questo modo puoi utilizzare titoli di successo di altre campagne, ma adattarli alla tua proposta o campagna. Non copiare mai un titolo (o qualsiasi altro scritto) parola per parola. Le agenzie di scrittura e pubblicità sono notoriamente famose per aver perseguito il plagio. E giustamente.

Quando dirai di più,

Più venderai

Il dibattito sull'utilizzo di testi lunghicontro I testi brevi non sembrano avere fine.

Di solito è un nuovo arrivato nel mondo del copywriting che sembra pensare che i testi lunghi siano noiosi. Dicono: "Non leggerei mai così tanti testi".

Il fatto è che a parità di condizioni, i testi lunghi avranno sempre prestazioni migliori dei testi brevi, e quando dico testi lunghi non intendo testi lunghi e noiosi, o testi lunghi e non segmentati.

Chi dice che non leggerebbe mai l'intero testo commette un grosso errore nel copywriting: segue la propria reazione istintiva invece di fidarsi dei risultati dei test. Sta pensando che lui stesso sia la prospettiva. E lei non lo è. Non siamo mai le nostre prospettive.

Sono stati condotti molti studi e test su testi lunghi rispetto a testi brevi. E il vincitore è sempre il testo lungo. Ma sto parlando di testi lunghi e pertinenti piuttosto che di testi noiosi, lunghi e senza target.

Alcune ricerche significative hanno scoperto che le letture tendono a diminuire bruscamente dopo le 300 parole, ma non diminuiscono di nuovo fino a circa 3.000 parole.

Se vendo un set costoso di mazze da golf e invio il mio lungo messaggio a una persona che gioca a golf occasionalmente o che ha sempre desiderato provare a giocare a golf, sto inviando la mia proposta di vendita al potenziale cliente sbagliato.

Non è un obiettivo efficace. Quindi, se una persona che riceve il mio lungo messaggio non legge oltre le 300 parole, non è qualificata per la mia offerta.

Non importerebbe se leggessi fino a 100 o 10.000 parole. In ogni caso non avrebbero effettuato l'acquisto.

Tuttavia, se invio il mio messaggio a un appassionato golfista, che ha recentemente acquistato altri costosi prodotti da golf tramite posta, dipingendo un'offerta irresistibile, dicendogli come migliorerà il suo gioco in 10 colpi, probabilmente leggerà ogni parola. E se ho segmentato correttamente il mio messaggio, comprerà.

Ricorda, se il tuo potenziale cliente è a 3000 miglia di distanza, non è facile per lui fare una domanda. Se vuoi avere successo, devi anticipare e rispondere a tutte le tue domande e superare tutte le obiezioni nel tuo testo.

E assicurati di non gettare tutto ciò a cui puoi pensare nel testo. Devi solo includere tutte le informazioni necessarie per effettuare la vendita... e non una parola di più.

Se ci vogliono 10 pagine di testo, così sia. Se ci vuole un megalog di 16 pagine, va bene. Ma se nel test 10 pagine vendono meglio del megalog da 16 pagine, allora usa il vincitore.

Ciò significa che ogni potenziale cliente deve leggere ogni parola della tua copia prima di ordinare il tuo prodotto? Ovviamente.

Alcuni leggeranno ogni parola e poi torneranno indietro e la rileggeranno di nuovo.

Alcuni leggeranno il titolo e continueranno, saltando gran parte del corpo e atterrando alla fine. Alcuni scannerizzeranno l'intero corpo e poi torneranno indietro e lo leggeranno. Tutti questi potenziali clienti potrebbero finire per acquistare l'offerta, ma potrebbero avere stili di lettura tutti diversi.

E questo ci porta al suggerimento successivo.

Scrivi in modo scansionabile

Adoro i formatiscansionabile, vedere l'esempio qui sotto:

All'improvviso

Se ti racconto una storia

In questo formato

Nessuna informazione precisa

Ma con un'elevata carica emotiva...

Forse ti commuoverai

Perché la storia è così vaga

Cosa potrebbe esserti successo!

Ma quello

Passa la mano

Da un testo

Creato per manipolare le tue emozioni

Dire molto

Senza dire nulla.

Il tuo layout è molto importante in un testo di vendita, perché vuoi che il tuo testo abbia un aspetto invitante e rinfrescante per gli occhi. In breve, vuoi che il tuo potenziale cliente interrompa ciò che sta facendo e legga il tuo testo.

Se vede un testo con margini piccoli, senza rientranze, senza interruzioni, senza spazi bianchi e senza sottotitoli...

Se vede una pagina, con parole raggruppate fittamente, pensi che sarà tentato di leggerla?

Se hai spazi bianchi con margini ampi e generosi, frasi brevi, paragrafi brevi, sottotitoli e una parola in corsivo o sottolineata qua e là per dare enfasi, sarà sicuramente interessato a leggere.

Durante la lettura del tuo testo, alcuni potenziali clienti inizieranno dall'inizio e lo leggeranno parola per parola. Alcuni leggeranno il titolo e forse il sottotitolo, poi leggeranno il "PS" alla fine del testo e vedranno da chi proviene il testo, e poi inizieranno dall'inizio.

Alcune persone daranno una scorsa al testo, notando i vari sottotitoli strategicamente posizionati da te nel testo, per poi

decidere se vale la pena dedicare del tempo a leggere tutto.
Alcuni potrebbero non leggere mai l'intero testo, ma acquistarlo
comunque.

Devi scrivere a tutti loro. Testo lungo, interessante e attraente
per il lettore che ama i dettagli, paragrafi e frasi brevi, spazi
bianchi e sottotitoli per i ponticelli.

I sottotitoli sono i titoli più piccoli sparsi in tutto il testo.

Quando stai creando un titolo, alcuni dei titoli che non sono
abbastanza buoni saranno buoni come sottotitoli. Un sottotitolo
costringe il tuo potenziale cliente a continuare a leggere,
affascinandolo dall'inizio alla fine dell'intero testo.

La struttura che può salvarti dal blocco dello scrittore

Esiste una struttura ben nota per le pagine di vendita di
successo, descritta dall'acronimo AIDA.

AIDA rappresenta:

• Attenzione

• Interesse

• Desiderio

• Azione

Innanzitutto, catturi l'attenzione del tuo potenziale cliente. Questo viene fatto con il tuo titolo. Se l'annuncio non riesce a catturare l'attenzione del tuo potenziale cliente, fallisce completamente. Il tuo potenziale cliente non legge il testo della tua stella e non ordina il tuo prodotto o servizio.

Quindi crei un forte interesse per il tuo potenziale cliente. Vuoi che continui a leggere, perché se continua a leggere, potrebbe comprare.

Successivamente, incanali un desiderio. Avere un pubblico target per questo è fondamentale perché non stai cercando di creare un desiderio in qualcuno che non ce l'ha. Vuoi sfruttare un desiderio esistente che il tuo potenziale cliente potrebbe o meno sapere di avere già. E vuoi che il tuo potenziale cliente desideri l'esperienza offerta dal tuo prodotto o servizio.

Infine, presenti un invito all'azione. Vuoi che prenda il telefono, restituisca la lettera di risposta, guardi la presentazione di vendita, ordini il tuo prodotto o qualsiasi altra cosa.

Devi chiedere la vendita (o una risposta, se questo è l'obiettivo). Non vuoi girare intorno al cespuglio a questo punto. Se la tua lettera e la struttura dell'AIDA sono solide e convincenti, è qui che presenti i termini della tua offerta e desideri che il potenziale cliente agisca subito.

Molto è stato scritto sul copywriting con formula AIDA. E vorrei aggiungere un'altra lettera all'acronimo: S di Satisfy

Alla fine, dopo aver effettuato la vendita, vuoi soddisfare il tuo potenziale cliente, che ora è un cliente.

Devi mantenere esattamente ciò che hai promesso (o anche di più), entro le scadenze che hai promesso, nel modo in cui hai promesso.

In breve, vuoi dargli tutte le ragioni del mondo per fidarsi di te la prossima volta che gli offri una nuova offerta.

E ovviamente vuoi che non ti restituisca il prodotto (anche se se lo fa, devi rispettare la tua politica di restituzione come promesso).

In ogni caso, vuoi che i tuoi clienti siano felici. Ti faranno guadagnare molti più soldi a lungo termine.

Scopri come aumentare l'urgenza

Quando si limita in qualche modo l'offerta di un prodotto o servizio (ad esempio, la vendita è limitata), l'economia di base impone che la domanda aumenterà.

In altre parole, le persone generalmente rispondono meglio a un'offerta se credono che l'offerta stia per diventare non disponibile o limitata in qualche modo.

E, naturalmente, è vero anche il contrario. Se un potenziale cliente sa che il prodotto sarà disponibile ogni volta che ne avrà bisogno, non è necessario che agisca ora.

E quando il tuo annuncio viene messo da parte dal tuo potenziale cliente, le possibilità di concludere la vendita diminuiscono notevolmente.

Quindi il tuo compito è convincere i tuoi clienti a comprare e comprare adesso. Usare la scarsità per vendere è un ottimo modo per raggiungere questo obiettivo.

Esistono fondamentalmente tre tipi di limitazioni:

1 - Limitare la quantità

2 – Tempo limite

3 - Limite all'offerta

Nel primo metodo, limitando la quantità, presenti un numero fisso di prodotti disponibili per la vendita. Quando se ne saranno andati, sarà finita.

Alcuni buoni modi per limitare l'importo includono:

• Produrre solo un certo numero di unità

• Vendere vecchi titoli per fare spazio a quelli nuovi

• Numero limitato di articoli con difetti estetici

• Verranno venduti solo alcuni prodotti per evitare di saturare il mercato.

• Eccetera.

Nel secondo metodo, che prevede la limitazione del tempo, la scadenza viene aggiunta all'offerta. Dovrebbe essere una scadenza realistica, non una che cambia continuamente (specialmente su un sito, dove la scadenza sembra essere vicina a mezzanotte... quando torni il giorno successivo, la scadenza è misteriosamente cambiata in quel giorno). La modifica delle scadenze riduce la tua credibilità.

Questo approccio funziona bene quando l'offerta, o il prezzo, cambierà, o il prodotto/servizio non sarà più disponibile, dopo la data di fine.

Il terzo metodo, limitare l'offerta, si realizza limitando altre parti dell'offerta, come la garanzia, i bonus o premi, i prezzi e così via.

Quando utilizzi la vendita limitata, devi assicurarti di rispettare le restrizioni. Se dici di avere solo 500 articoli da vendere, non venderne 501. Se dici che la tua offerta scadrà alla fine del mese, assicurati che ciò accada.

Altrimenti la tua credibilità calerà. I potenziali clienti se ne ricorderanno la prossima volta che metterai nelle loro mani un'altra offerta.

Un'altra cosa importante che dovresti fare è spiegare il motivo per cui l'offerta è stata limitata. Non basta dire che il prezzo aumenterà tra tre settimane, ma spiegare perché aumenterà.

Ecco alcuni esempi di vendite limitate:

"Purtroppo posso gestire solo un numero limitato di clienti. Una volta esaurito il mio tempo, non potrò accettare nessun altro affare.

Quindi, se sei seriamente intenzionato a rafforzare le tue strategie di investimento e a creare più ricchezza che mai, dovresti contattarmi il prima possibile. "

"Ricorda: devi agire entro [data] mezzanotte per ottenere i miei 2 bonus.

Questi bonus sono stati offerti da [società terza] e non abbiamo alcun controllo sulla loro disponibilità dopo questo periodo. "

Abbiamo solo 750 di questi articoli dal nostro fornitore. Una volta esauriti, non potremo averne di più fino al prossimo anno.

E anche in questo caso non possiamo garantire che il prezzo rimanga lo stesso. Infatti, a causa della crescente domanda, è molto probabile che il prezzo raddoppierà o triplicherà per allora! "

Ricorda quello che ho detto prima, le persone acquistano in base alle emozioni e poi prendono la decisione di acquisto con logica. Ebbene, utilizzando la vendita limitata, la restrizione diventa parte della logica del compra e compra subito.

Che tu te ne renda conto o no, ora ne sai di più sulla creazione di pubblicità efficace rispetto alla maggior parte dei tuoi concorrenti. Vuoi dimostrarlo?
Chiedi loro una qualsiasi delle idee di cui abbiamo discusso. In risposta, probabilmente riceverai risposte sbagliate e sguardi vuoti.

Questo perché la maggior parte dei tuoi concorrenti è troppo impegnata a gestire la propria attività per fermarsi e farlo imparare come renderli più efficaci. Mi congratulo con te per averlo fatto. In effetti, ho condiviso i suggerimenti, i trucchi, le tecniche e i principi poco conosciuti
con te qui sono gli stessi di un consulente di marketing

o un'agenzia pubblicitaria utilizzerebbe se li assumessi per un

sacco di soldi. Non c'è motivo per cui non puoi usarli e

raccogliere i migliori frutti.

Conclusione

Una buona persuasione si crea, non si nasce.

Deriva da risultati di test comprovati progettati per fare una cosa e farla bene: convincere.

L'arte della persuasione non è sempre "grammaticamente corretta".

Usa frasi brevi e frammenti.

Convincilo a credere, e a credere adesso. Punto.

Parla di vantaggi, non di funzionalità. Vendi l'emozione nell'annuncio e rafforza la decisione di acquistare con logica.

Dipingi un quadro avvincente e proponi un'offerta irresistibile che costringa il tuo potenziale cliente ad agire e ad agire subito! E se così non fosse, allora non hai alcun interesse per l'annuncio.

La persuasione efficace è come la tuavenditore top che continua a battere record per tutte le vendite dell'anno, moltiplicate per migliaia o milioni!

Immagina se questo venditore, l'unico con risultati comprovati, potesse essere moltiplicato quante volte vorresti.

Questo è marketing efficace!

Questo è il tipo comprovato di marketing che devi utilizzare.

Ti auguro grandi risultati da ora in poi.

www.ingramcontent.com/pod-product-compliance
Lightning Source LLC
Chambersburg PA
CBHW070858260726
48661CB00004B/1469